MDS : 660562
ISBN 978-2-215-09760-0

Dépôt légal à la date de parution.
Conforme à la loi n° 49-956 du 16 juillet 1949
sur les publications destinées à la jeunesse.
Imprimé en Italie (10-16)

L'imagerie de la France

Conception :
Émilie Beaumont

Texte :
Émilie Beaumont
Stéphanie Redoulès

Images :
Colette Hus-David
M.I.A. : Raffaella Cosco
Isabelle Rognoni
Sophie Toussaint

FLEURUS

FLEURUS ÉDITIONS, 15-27 rue Moussorgski, 75018 PARIS
www.fleuruseditions.com

SOMMAIRE

NORMANDIE

Le pont de Normandie enjambe la Seine et permet de relier Honfleur au Havre. Il mesure 2 km de long.

Des prairies bien vertes avec des pommiers et des vaches, c'est le paysage caractéristique de la Normandie.

Sur la côte, les huîtres sont élevées dans des parcs par des ostréiculteurs.

Entre Cherbourg et Arromanches, la côte est jalonnée de blockhaus, des vestiges de la Seconde Guerre mondiale.

Les falaises de la côte normande sont célèbres, notamment celle d'Étretat, avec sa grande arche.

Le Gros-Horloge de Rouen est original : il ne peut pas donner l'heure exacte car il n'a pas d'aiguille pour indiquer les minutes.

Le jardin du peintre Monet, à Giverny, est un domaine superbe où l'on se promène parmi les fleurs.

L'ARCHITECTURE

Les chaumières, avec leurs toits de chaume, d'ardoises ou de tuiles, sont les demeures traditionnelles de Normandie.

De nombreuses maisons sont à colombages. Leurs murs sont faits de poutres en bois entre lesquelles est tassée de la terre avec de la paille.

Le long de la côte se dressent de grandes et belles villas. Sur le port d'Honfleur, les maisons sont étroites et recouvertes d'ardoises.

L'ÉCONOMIE

La Normandie est une importante région d'élevage de bovins, qui produisent du lait. Elle a aussi une activité industrielle soutenue.

Beaucoup de produits laitiers sont fabriqués en Normandie.

Plusieurs centrales nucléaires fournissent de l'électricité.

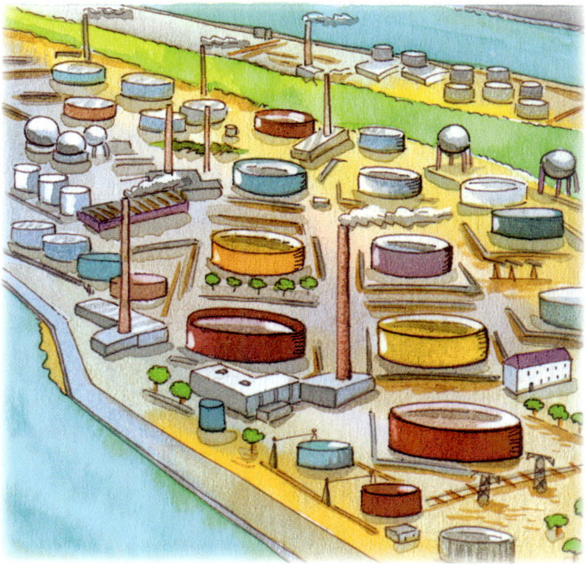

Le Havre est l'un des principaux ports français. Il y arrive notamment du pétrole, qui est traité dans de grandes usines : des raffineries.

LA GASTRONOMIE

Camembert, Livarot, Pont-l'Évêque, Neufchâtel-en-Bray sont des villages normands où sont nés les fromages du même nom.

L'andouille est une spécialité de Vire ; à Caen, ce sont les tripes. La sole normande est cuisinée à la crème avec des moules et des crevettes.

La tarte normande

Il faut : 4 grosses pommes, 1 cuillère à s. de crème fraîche, 4 cuillères à s. de sucre en poudre, 2 jaunes d'œufs, 1 pâte brisée.

- Étaler la pâte et la placer dans un moule à tarte beurré.
- Piquer la pâte avec une fourchette.
- Déposer les quartiers de pommes sur la pâte.
- Battre les jaunes d'œufs, la crème fraîche et le sucre.
- Verser le mélange sur les pommes.
- Faire cuire à feu doux 45 min

La tarte normande est un délicieux dessert aux pommes. Pour les adultes, on peut la servir chaude arrosée de calvados et la faire flamber.

DES FÊTES ET DES MANIFESTATIONS

L’été, plusieurs villes côtières proposent des fêtes de la Mer très colorées. En octobre, c’est la fête du Cheval dans toute la Normandie.

Lors des fêtes de la Mer, de nombreux bateaux sont décorés.

À Dieppe, tous les deux ans, a lieu un grand festival de cerfs-volants.

À l’automne, les fêtes de la Pomme animent beaucoup de villages.

Durant les Equidays, il y a plein de manifestations autour des chevaux.

DES LIEUX POUR DÉCOUVRIR ET S'AMUSER

De passionnants sites touristiques permettent de découvrir le monde de la mer, les techniques de pêche, les bateaux ou de visiter un sous-marin.

Le Redoutable est le plus grand sous-marin que l'on puisse visiter. Il se trouve à la Cité de la mer de Cherbourg. Et, pour mieux connaître les techniques de pêche, les poissons et les bateaux, il faut se rendre à la Cité de la mer de Dieppe.

Le musée du Chemin de fer miniature de Clécy fait circuler une quinzaine de trains sur une maquette géante.

La fonderie de Villedieu-les-Poêles présente et explique la fabrication de cloches. C'est un lieu unique en France.

Aller visiter l'étonnante cité du Mont-Saint-Michel, se promener à marée basse dans sa baie, chausser ses jumelles pour regarder les oiseaux ou encore visiter un planétarium, il y a de fantastiques sorties à faire.

L'eau qui entoure la cité du Mont-Saint-Michel peut se retirer très loin, mais attention ! on dit qu'elle remonte à la vitesse d'un cheval au galop !

Au Ludiver, près de Cherbourg, on peut tout apprendre sur les planètes.

La baie de l'Orne est un superbe endroit pour observer les oiseaux.

Lors de la Seconde Guerre mondiale, en juin 1944, des Américains, des Anglais, des Canadiens... ont débarqué sur les plages normandes pour libérer le territoire. Des lieux racontent ce moment historique.

Le musée Airborne de Sainte-Mère-Église présente du matériel ayant servi au Débarquement. À Port-en-Bessin sont exposées des épaves de guerre.

Le Mémorial de Caen retrace les événements de la dernière guerre mondiale. Il a été créé pour rappeler qu'il faut préserver la paix.

BRETAGNE
PAYS DE LA LOIRE

Dans le nord de la Bretagne, autour de Perros-Guirec, la côte est bordée de superbes rochers de granit rose dont la couleur varie en fonction du temps.

La pointe du Raz se trouve à l'extrémité de la Bretagne. C'est un magnifique site battu par les vents et les vagues. Un sentier permet de s'y promener.

Au sud de la Bretagne, près de la ville de Guérande, les marais salants sont un site protégé exceptionnel qui permet de découvrir tous les secrets de la fabrication du sel.

Les côtes bretonnes abritent de nombreux ports de pêche. Le retour des petits chalutiers et le déchargement des caisses de poissons est un vrai spectacle.

Les calvaires font partie du paysage breton. Ce sont des monuments très anciens qui représentent une scène religieuse autour du Christ en croix.

Dans les Pays de la Loire, en Anjou, il y a de nombreux châteaux. Celui du Plessis-Bourré ressemble à un château de conte de fées.

L'ARCHITECTURE

Dans cette région de France, les toits des maisons sont souvent recouverts de minces tuiles en ardoise, une roche bleu foncé.

De nombreuses maisons bretonnes sont construites en granit, une roche grise et dure. Certaines sont peintes en blanc, avec des volets de couleur.

Dans les Pays de la Loire, la pierre est de couleur crème et, en Anjou, les habitations dites « troglodytiques » sont creusées à même le roc.

L'ÉCONOMIE

Des industries techniques se sont développées dans les Pays de la Loire. En Bretagne, la construction navale et la pêche sont importantes.

De grandes marques de textile pour enfants sont installées en Anjou.

Les Pays de la Loire sont actifs dans l'électronique et l'informatique.

À Saint-Nazaire, les chantiers navals construisent de luxueux paquebots.

La Bretagne est la première région française pour la pêche.

La Bretagne et les Pays de la Loire sont d'importantes régions d'élevage et de culture. L'Anjou est connu pour ses vins, c'est aussi le premier producteur de champignons de Paris.

En Bretagne, il y a des élevages de porcs. En Pays de la Loire, certaines volailles sont réputées pour leur chair, car elles grandissent en liberté.

La plupart des artichauts et des choux-fleurs vendus en France viennent de Bretagne. En Anjou, on cultive des champignons, du raisin, des pommes...

De nombreuses entreprises d'Anjou s'occupent de la culture des plantes, des graines jusqu'aux arbres ou aux fleurs en pots.

Des tonnes d'algues sont récoltées en Bretagne. Elles servent à fabriquer des médicaments, des produits de beauté, des aliments...

LA GASTRONOMIE

La Bretagne est le pays des crêpes, des galettes et du cidre.
Les rillettes, spécialité du Mans, peuvent garnir les fouaces d'Anjou.

Quel plaisir de partager un plateau de fruits de mer bien garni !

Les fouaces sont des pains chauds fourrés de haricots ou de rillettes.

La Bretagne est une région de gourmands. On y mange du far, des crêpes, des galettes et un gâteau au beurre et au sucre : le kouign-amann.

DES FÊTES ET DES MANIFESTATIONS

Fêtes religieuses ou manifestations folkloriques, ces régions sont riches en traditions. Les 24 Heures du Mans sont un grand événement sportif.

Les pardons, ces fêtes religieuses, sont nombreux en Bretagne.

En août, le festival interceltique de Lorient attire beaucoup de monde.

Tous les deux ans, à Saumur, en juin, défilent de fantastiques géants. Au Mans, chaque année, se déroulent les 24 Heures motos et voitures.

DES LIEUX POUR DÉCOUVRIR ET S'AMUSER

Le Puy-du-Fou est le premier parc historique d'Europe, impossible de s'y ennuyer ! Le zoo de Doué-la-Fontaine est un paradis pour les animaux.

Combats de gladiateurs, attaques vikings, artisans d'autrefois, spectacle nocturne, que de réjouissances pour toute la famille au Puy-du-Fou !

Plus de 70 espèces d'animaux vivent au zoo de Doué-la-Fontaine.

À Saumur, on peut visiter l'une des plus grandes écoles d'équitation.

Pour découvrir d'où vient l'ardoise ou comment sont cultivés les champignons de Paris, il existe des lieux à visiter. En Bretagne, les alignements de menhirs préhistoriques de Carnac sont très étonnants !

Près d'Angers, en visitant la Mine bleue, on apprend tout sur l'ardoise.

De nombreuses champignonnières sont ouvertes au public.

Près de Saint-Malo, un abbé a sculpté des personnages dans les rochers.

À Carnac, des menhirs sont alignés sur plusieurs kilomètres.

La Bretagne est un pays de légendes. En forêt de Brocéliande, on découvre l'histoire de Merlin l'Enchanteur et de la fée Viviane. Plusieurs villages bretons font partie des plus beaux villages de France.

En forêt de Brocéliande, on entre dans un monde enchanté de légendes, comme celle du roi Arthur, qui est racontée au château de Comper.

La cité de la voile Éric Tabarly, à Lorient, explique tout ce qu'il faut savoir sur la voile et les voiliers et donne envie d'apprendre à naviguer.

DÉCOUVRIR LES ÎLES

Au large des côtes bretonnes, il y a de nombreuses îles à visiter. Sur certaines d'entre elles, comme l'île de Batz, les voitures sont interdites.

Pour rejoindre l'île de Batz, il faut prendre le bateau à Roscoff. Sur cette petite île, on peut visiter un étonnant jardin exotique.

De nombreux oiseaux nichent le long des côtes et sur les îles.

Diverses promenades en bateau sont proposées autour des îles.

POITOU-CHARENTES AQUITAINE

La dune du Pilat, près d'Arcachon, est la plus haute dune d'Europe.

Près de Royan, les carrelets sont de petites cabanes de pêcheurs sur pilotis qui surplombent l'Océan.

La forêt des Landes est immense. Ses pins maritimes et ses fougères s'étendent sur des kilomètres.

En Charente, il reste de nombreuses églises très anciennes, aux ouvertures arrondies. Ce sont des églises romanes.

Bordée de jolis villages, la vallée de la Dordogne, dans le Périgord, offre un très beau circuit touristique qui mène vers la région du Limousin.

Au Pays basque, le charmant petit train de la Rhune permet de découvrir les magnifiques paysages verdoyants de la région et la chaîne des Pyrénées, qui sépare la France de l'Espagne.

L'ARCHITECTURE

Maisons blanches du Marais poitevin, pierres dorées du Périgord ou poutres rouges du Pays basque, l'architecture d'Aquitaine a du charme.

Les maisons du Marais poitevin sont construites au bord de l'eau.

Dans le Bordelais, des châteaux se dressent au milieu des vignes.

Les demeures de pierre du Périgord ont parfois une petite tour.

On reconnaît les maisons basques à leurs poutres et leurs volets rouges.

L'ÉCONOMIE

L'océan Atlantique, les immenses forêts de pins et les vignes sont des éléments importants de l'économie régionale.

Grâce aux pins des Landes, l'industrie du bois est très active.

En plus de la pêche en mer, on pratique l'élevage de poissons.

Les vins de Bordeaux et le cognac sont réputés dans le monde entier.

En Aquitaine, de grandes industries produisent des éléments d'avions.

LA GASTRONOMIE

La région est réputée pour sa cuisine, il y en a pour tous les goûts. À Espelette, au Pays basque, le piment est visible sur les maisons !

Le Périgord est le pays du foie gras, des cèpes et des truffes (des champignons très appréciés), et aussi des noix. Au Pays basque, on fait du très bon jambon cru comme celui de Bayonne, et de la tomme de brebis, que l'on déguste avec de la confiture de cerises noires.
Le gâteau basque est un dessert délicieux.

En bord de mer, on se régale d'huîtres, de sardines et de thon.

Les piments doux d'Espelette sont mis à sécher avant d'être préparés.

DES FÊTES ET DES MANIFESTATIONS

La côte atlantique est le rendez-vous des surfeurs ; des épreuves de surf s'y déroulent régulièrement, mais il y a plein d'autres événements.

À Angoulême, en septembre, a lieu une course de voitures anciennes.

Le championnat du monde de billes sur sable se tient en août sur la côte.

Chaque année sont organisées de grandes compétitions de surf.

Au Vanneau, dans le Marais poitevin, on peut faire son marché sur l'eau !

Les fêtes basques sont hautes en couleur.
Elles s'accompagnent souvent d'un tournoi de pelote basque et d'épreuves de force comme celle du tir à la corde.

La pelote est la balle qu'on lance contre un fronton et que l'on rattrape grâce au chistera, un gant spécial.

Les Basques aiment mesurer leur force à travers différentes épreuves, comme le tir à la corde ou le lever de charrette !

Dans les fêtes de villages des Landes, les échassiers, qui autrefois gardaient les moutons, défilent et dansent habilement.

Les courses landaises se déroulent dans une arène. Les écarteurs et les sauteurs évitent la vache au dernier moment.

DES LIEUX POUR DÉCOUVRIR ET S'AMUSER

En dehors des balades dans le Marais poitevin ou de l'escalade de la dune du Pilat pour les petits sportifs, de nombreuses attractions sont proposées.

Le Futuroscope de Poitiers présente des films extraordinaires !

À La Rochelle, on passe des heures devant les bassins de l'aquarium !

À Rochefort est reconstruit un superbe navire à voile du 18e siècle.

Sur la côte, il y a plusieurs phares à visiter, comme celui de Cordouan !

De la Dordogne aux Pyrénées-Atlantiques, que de sorties possibles ! Pour ceux qui s'intéressent à la préhistoire, il faut aller voir les peintures de Lascaux, que nos ancêtres ont réalisées il y a 17 000 ans.

C'est à pied, en barque et en petit train que l'on visite les grottes féeriques de Bétharram et leurs dentelles de pierre !

La Vallée des singes est un vrai paradis pour les gorilles, chimpanzés, makis... que l'on peut admirer en quasi-liberté.

De terribles armes du Moyen Âge attendent le visiteur au château perché et fortifié de Castelnaud.

À Lascaux, on visite la reproduction exacte des vraies grottes. Ainsi, les grottes originales restent protégées.

MIDI-PYRÉNÉES
LANGUEDOC-ROUSSILLON

Dans l'Aveyron, depuis 2004, l'autoroute franchit le Tarn grâce à l'impressionnant viaduc de Millau, un pont de 270 m de haut et 2,46 km de long.

Sur le pic du Midi de Bigorre, à 2 865 m d'altitude, se trouvent un observatoire astronomique, un musée et un restaurant.

Le cirque de Gavarnie a été façonné dans la roche par le temps. Ce site au panorama grandiose est l'un des plus visités des Pyrénées. C'est un lieu où l'on peut aussi observer des animaux.

Dans l'Aude, il reste les ruines d'incroyables citadelles perchées qui ont été très importantes au Moyen Âge.

Le pont du Gard est un gigantesque aqueduc réalisé par les Romains. Haut de presque 50 m, il servait à alimenter la ville de Nîmes en eau.

Le canal du Midi relie la Garonne à la Méditerranée et permet ainsi de naviguer de l'océan Atlantique à la mer Méditerranée.

L'ARCHITECTURE

Les briques de la région ont donné son surnom à Toulouse, « la ville rose ». Les bastides du Lot ou de l'Aveyron sont très anciennes.

En Midi-Pyrénées, de nombreuses maisons sont en briques de terre.

Les bastides sont de vieux villages qui ont une place avec des arcades.

Dans les Pyrénées, de petits chalets de berger bordent les chemins.

En Lozère, dans l'Aveyron ou le Tarn, il y a de solides bâtisses en pierre.

L'ÉCONOMIE

L'ensoleillement important de cette région favorise la culture de la vigne et des fruits et attire de nombreux vacanciers.

Les célèbres avions Airbus sont assemblés à côté de Toulouse.

Pêches, abricots, kiwis... La région produit beaucoup de fruits.

Les villages entre mer et montagne, comme Collioure, sont touristiques.

Les pouvoirs de l'énergie solaire sont étudiés au four d'Odeillo.

LA GASTRONOMIE

En Midi-Pyrénées, l'oie et le canard sont rois ; l'Aveyron est connu pour ses fromages tandis que les vins du Languedoc-Roussillon sont fameux.

Impossible de traverser le Gers sans déguster du foie gras, du confit de canard ou d'oie, ni de passer à Toulouse sans goûter un cassoulet, un plat mijoté à base de canard et de haricots. La crème catalane, sorte de crème brûlée, est un dessert des Pyrénées-Orientales.

Les moules sétoises et les anchois de Collioure sont réputés.

L'Aveyron est le pays du roquefort, un fromage avec des moisissures.

DES FÊTES ET DES MANIFESTATIONS

Beaucoup de cités du Languedoc-Roussillon datent du Moyen Âge. L'été, dans la région, de nombreuses fêtes célèbrent cette époque.

Troubadours, montreurs d'ours, cracheurs de feu, spectacle de chevalerie… Quel plaisir de découvrir ainsi le Moyen Âge à Peyrepertuse !

En mai, on fête le départ des vaches de l'Aubrac vers les prairies.

À Sète, en août, les jouteurs s'affrontent sur le canal royal.

DES LIEUX POUR DÉCOUVRIR ET S'AMUSER

Toute la région possède de merveilleux espaces naturels. Les Pyrénées abritent encore quelques ours, et la Lozère protège des loups.

À Beaucens, dans les Pyrénées, on peut voir des spectacles de rapaces.

À Dorres, été comme hiver, on prend des bains d'eau chaude !

Pour mieux connaître l'ours, un lieu lui est consacré à Saint-Lary-Soulan.

Dans le parc du Gévaudan, on peut observer des loups en liberté.

À Tautavel, en région Languedoc-Roussillon, on a découvert le plus ancien habitant d'Europe : il a vécu il y a 450 000 ans ! Un musée lui est consacré.

Au musée de la Préhistoire de Tautavel sont présentés nos ancêtres.

À Espéraza, le musée des Dinosaures présente d'étonnants squelettes !

À Sainte-Eulalie-de-Cernon, on peut admirer le paysage en vélorail.

Micropolis, à Saint-Léons, abrite et présente des centaines d'insectes.

Carcassonne est une ville historique unique en Europe ; elle est aussi classée parmi les sites les plus remarquables du monde. La région possède également plusieurs grottes exceptionnelles.

Derrière ces longs remparts se cache l'étonnante cité de Carcassonne. On y découvre une ville comme il en existait au temps des chevaliers.

Dans les profondeurs des grottes de l'aven Armand se dressent des centaines de colonnes aux formes spectaculaires.

La Cité de l'espace, à Toulouse, permet de mieux connaître le métier d'astronaute et les sensations de la vie dans l'espace.

PROVENCE-ALPES CÔTE D'AZUR CORSE

La région possède plusieurs parcs naturels, comme le parc des Écrins, dans les Hautes-Alpes. Il abrite des glaciers, des lacs et de beaux chemins de randonnée.

Les gorges du Verdon sont spectaculaires, elles forment comme un canyon qui surplombe la rivière.

En Camargue, au milieu des marécages et des rizières, vivent des colonies de flamants roses, des chevaux et des taureaux.

En Provence, les bories sont de petits abris en pierre sèche utilisées par les bergers.

Dans les Hautes-Alpes, le lac de Serre-Ponçon est l'un des plus grands lacs artificiels d'Europe. L'eau y est retenue par un barrage.

Les calanques sont de petites criques abritées par les rochers où l'on peut se baigner et se reposer. Elles sont nombreuses entre Marseille et Cassis.

En Corse du Sud, la jolie cité de Bonifacio est perchée sur des falaises au-dessus de la mer.

L'ARCHITECTURE

Au milieu de la garrigue, formée d'herbes sèches, de buissons et d'arbustes, se dressent des maisons où l'on peut trouver la fraîcheur.

Dans le Midi, le mas provençal est une bâtisse aux tuiles rondes et aux volets de couleur, souvent entourée de lavande et d'oliviers.

Ces maisons en pierre sont typiques des villages corses.

Certaines fermes du Queyras sont faites avec des rondins de mélèze.

L'ÉCONOMIE

Les touristes qui viennent dans la région font travailler beaucoup de personnes, mais l'industrie et les cultures sont aussi très importantes.

La Côte d'Azur, baignée de soleil, est réputée dans le monde entier.

La région de Grasse est connue pour la qualité de ses parfums.

Quantité de voyageurs et de marchandises passent par Marseille.

Le premier constructeur européen de satellites est à Cannes-Mandelieu.

LA GASTRONOMIE

Ici, c'est le pays des olives et des amandes, que l'on retrouve dans la cuisine, mais également des melons et des fruits juteux.

D'abord vertes, les olives deviennent noires en mûrissant. On les récolte à l'aide de filets tendus au sol.

Le melon est une spécialité de la région de Cavaillon. Il peut se déguster en entrée comme en dessert.

La ratatouille est un plat provençal préparé avec des courgettes, des aubergines et des tomates. La bouillabaisse est un ragoût de poissons, une spécialité marseillaise. Quant à la charcuterie et aux fromages corses, ils sont réputés ! Avec la pâte d'amandes, on fabrique les délicieux calissons d'Aix.

DES FÊTES ET DES MANIFESTATIONS

La région compte de nombreuses fêtes traditionnelles. Provençales, gitanes ou corses, elles existent depuis très longtemps.

L'abrivado est une démonstration camarguaise. Des cavaliers traversent le village en encadrant des taureaux.

Aux Saintes-Maries-de-la-Mer, deux fois par an, les Gitans mènent les statues de leurs saintes à la mer.

Le carnaval de Nice est certainement le plus renommé de France. Il se déroule en février et dure 15 jours.

La Relève du gouverneur, à Bastia, est une fête historique animée par des défilés en costumes et des lancers de drapeaux.

DES LIEUX POUR DÉCOUVRIR ET S'AMUSER

Il y a très longtemps, les Romains se sont installés en Provence et ont bâti de nombreux monuments. Plus tard, des papes ont vécu à Avignon.

À Glanum, on peut découvrir les ruines d'une ancienne ville romaine.

Le théâtre antique d'Orange ou les arènes d'Arles ont plus de 2 000 ans !

Neuf papes ont vécu dans le grand et majestueux palais d'Avignon. Aujourd'hui, il se visite et, en juillet, on y donne un festival de théâtre.

Dans la région, il est agréable de se promener à travers la Camargue, la garrigue, sur les îles, ou de faire une mini-croisière en bateau. En Corse, un site préhistorique en plein air abrite d'étranges statues.

En Camargue, une manade est un élevage de chevaux et de taureaux.

Les étonnants guerriers-menhirs de Filitosa, en Corse, ont 5 000 ans !

Au Lavandou, le *Seascope* permet d'admirer les fonds marins.

Dans les Hautes-Alpes, découvre la montagne aux Marmottes !

Le village perché des Baux-de-Provence est magnifique. Son château propose de multiples animations avec des chevaliers et des armes médiévales. Sur la Côte d'Azur, on peut admirer des dauphins, des orques....

Assister à la prise du château, tirer à l'arc ou parcourir le village escarpé : la cité des Baux-de-Provence vaut le détour !

Le pont d'Avignon comportait autrefois neuf arches. Et l'on ne dansait pas dessus, mais au-dessous, sur une île !

Le Musée océanographique de Monaco renferme entre autres trésors un aquarium et un squelette de baleine.

Au Marineland d'Antibes, les orques, les dauphins et les otaries réalisent des prouesses sous les applaudissements !

LIMOUSIN AUVERGNE

Le lac de Vassivière, dans le Limousin, est un des plus grands lacs artificiels de France. Au centre, une île aménagée abrite un château, un centre d'art, des animaux, un parc avec des sculptures...

L' Auvergne et le Limousin sont des paradis pour les pêcheurs. Lacs et rivières y sont poissonneux.

Les orgues de Bort forment des sortes de gigantesques tuyaux de pierre qui s'élèvent jusqu'à 100 m de haut ! Ils sont le résultat de coulées volcaniques.

Le puy de Dôme est un volcan de la chaîne des Puys. À son sommet se trouve un laboratoire météorologique depuis le 19e siècle.

La ville du Puy-en-Velay est dominée par de drôles de pics volcaniques. Sur l'un d'eux a été construite une statue, sur l'autre une chapelle.

En Auvergne, il y a de magnifiques édifices religieux. L'intérieur de l'abbatiale d'Issoire est richement décoré.

L'ARCHITECTURE

En Auvergne, de nombreuses constructions sont en pierre volcanique. Les toits sont parfois recouverts de grandes pierres plates, les lauzes.

Les maisons auvergnates ont des murs épais et des toits pentus.

Les burons sont des maisons isolées où l'on fabriquait le fromage.

Le Limousin abrite plusieurs villages qui sont classés parmi les plus beaux de France, comme Collonges-la-Rouge et Ségur-le-Château.

L'ÉCONOMIE

Limousin et Auvergne sont des régions d'élevage, mais on y développe aussi la recherche sur les plantes, sur les pneumatiques et la chimie.

Deux importants fabricants de pneus sont implantés en Auvergne.

Une grande marque étudie et vend des graines pour les cultures.

L'élevage de bovins est représenté par les races salers et limousine.

Des stations thermales proposent des soins ou de se remettre en forme.

LA GASTRONOMIE

Le clafoutis et la tarte aux pommes de terre sont des spécialités du Limousin. L'Auvergne, elle, est connue pour sa potée et ses fromages.

La potée est un plat à base de chou et de viande. L'Auvergne produit aussi de la bonne charcuterie et des lentilles vertes.

Cantal, saint-nectaire, salers, fourme d'Ambert, bleu d'Auvergne sont des fromages savoureux de la région.

Le clafoutis

Il faut : 200 g de farine, 4 œufs, 1 l de lait, 1 pincée de sel, 2 cuillères à s. d'huile, 150 g de sucre, 400 g de cerises.

- Mettre la farine dans un saladier.
- Ajouter les œufs, la pincée de sel, le sucre, 1/2 l de lait et l'huile.
- Bien mélanger avec une cuillère en bois.
- Ajouter le reste du lait.
- Beurrer un moule et y déposer les cerises.
- Recouvrir les cerises de la pâte et mettre à cuire à four chaud (210 °C) pendant 30 min
- Sortir du four et saupoudrer de sucre.

Le clafoutis est un dessert du Limousin composé d'une pâte garnie de cerises. Si les cerises ne sont pas dénoyautées, attention aux dents !

DES FÊTES ET DES MANIFESTATIONS

À Brive-la-Gaillarde, de grandes foires réunissent professionnels et curieux, et au Puy-en-Velay, en septembre, se déroule une fête historique.

On vient de loin pour voir les foires grasses de Brive et le Festival de l'élevage, où se vendent de magnifiques bêtes.

Au Puy-en-Velay, pour la fête du Roi de l'Oiseau, les habitants costumés célèbrent un ancien concours de tir à l'arc.

Près de Clermont-Ferrand, en octobre, Cervolix est un festival décoiffant : des dizaines de cerfs-volants flottent au vent.

En juin, à Montferrand, le public remonte le temps grâce aux multiples animations des fêtes médiévales.

DES LIEUX POUR DÉCOUVRIR ET S'AMUSER

Les douces montagnes d'Auvergne sont en fait des volcans endormis. Faut-il en avoir peur ? Le centre Vulcania est là pour nous renseigner.

Le site de Vulcania donne d'innombrables explications sur les volcans de la région et ceux de la Terre entière. Des animations, des expériences, des films, des maquettes... Tout y est prévu pour que les volcans n'aient plus de secret !

Juste à côté de Vulcania, on peut descendre à pied ou en petit train dans l'ancien volcan de Lemptégy.

À Volvic, il est possible de visiter une grotte en pierre de lave qui a été autrefois entièrement creusée à la main.

Quel panorama ! De très nombreuses randonnées sont possibles à pied, à vélo ou même à cheval. Et si on lève les yeux, une montgolfière apparaît parfois ! En hiver, plusieurs stations accueillent les skieurs.

Survoler les volcans ou simplement admirer les ballons colorés au-dessus de superbes paysages, quel spectacle !

L'hiver, la neige recouvre les montagnes d'Auvergne. Ski, raquettes et glissades en luge sont alors possibles.

Pour découvrir le château de Murol à l'époque des chevaliers, des visites animées en compagnie de comédiens et des spectacles sont proposés.

Oradour-sur-Glane est un village martyr dont les habitants ont été brûlés dans une église durant la dernière guerre mondiale. Un Centre de la mémoire y a été créé pour qu'on n'oublie pas ce drame.

Le village d'Oradour-sur-Glane est resté en ruine depuis la guerre afin que chacun se souvienne de ce terrible événement.

Aubusson fut célèbre pour ses tapisseries royales. La maison du tapissier explique comment on les réalisait.

La Cité des insectes de Nedde invite à mieux connaître le monde de ces petites bêtes et à admirer des papillons.

Dans certaines fermes du Cantal, on peut découvrir la fabrication du saint-nectaire et déguster de délicieux fromages.

RHÔNE-ALPES FRANCHE-COMTÉ

Près de Saint-Étienne, le lac artificiel de Grangent, avec son île et son château, est un lieu de promenade très agréable. Sa rive fait partie d'une réserve naturelle.

Dans le Jura, il y a des millions d'années, le sol s'est plissé et a formé cet étrange relief que l'on a surnommé « chapeau de gendarme ».

À Vallon-Pont-d'Arc, dans les gorges de l'Ardèche, la rivière franchit une grande et belle arche naturelle. Beaucoup de kayaks et de canoës s'y retrouvent.

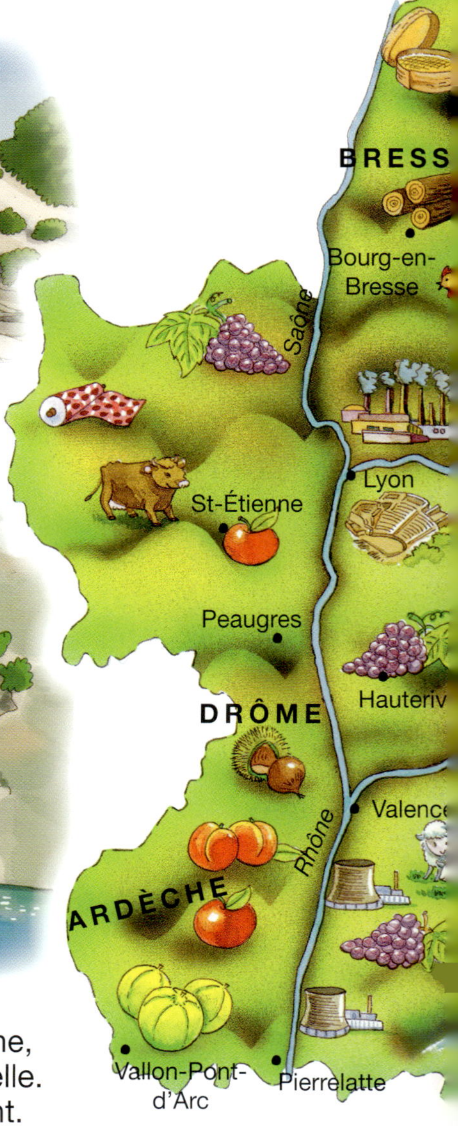

En Franche-Comté, il y a de nombreuses cascades naturelles. Près de Morteau, le saut du Doubs est l'une des plus impressionnantes.

Le mont Blanc est le plus haut sommet des Alpes. Il se trouve à la frontière de la France et de l'Italie.

Le parc de la Vanoise, dans les Alpes, est un milieu préservé où les espèces montagnardes sont protégées. C'est aussi un fantastique lieu de randonnée.

L'ARCHITECTURE

À Lyon, dans les vieux quartiers, on peut admirer de très beaux immeubles de pierre avec de superbes cours intérieures, des balcons et des galeries.

Ces fermes typiques de la Bresse étaient autrefois très nombreuses.

Les grandes fermes de Franche-Comté ont une cheminée originale.

Au pied des chalets savoyards est souvent stocké le bois de chauffe.

Dans le vieux Lyon, des passages permettent d'aller d'une rue à l'autre.

L'ÉCONOMIE

La région Rhône-Alpes possède de nombreuses industries, et des centrales y produisent de l'électricité pour la France entière.

Beaucoup d'industries et de raffineries sont implantées autour de Lyon.

À Sochaux se trouve la plus grande usine automobile de France.

Plusieurs fabricants de jouets en bois sont installés dans le Jura.

Été comme hiver, les touristes viennent nombreux en montagne.

LA GASTRONOMIE

Les Alpes et la Franche-Comté sont connues pour leurs fromages.
À Lyon, on peut manger dans des brasseries appelées « bouchons ».

Mont-d'or, morbier et comté sont des fromages de Franche-Comté.

Quenelles et saucisson en brioche sont des spécialités lyonnaises.

Quand il fait froid, rien de tel qu'une bonne raclette ou une fondue au fromage. Certains préfèrent la tartiflette, un gratin au reblochon.

DES FÊTES ET DES MANIFESTATIONS

L'hiver, la neige permet des animations exceptionnelles dans la région. À Lyon, les illuminations de la fête des Lumières sont uniques en France.

Dans le Jura et les Alpes, les courses de traîneaux à chiens sont fréquentes.

À Valloire, en janvier, se déroule le concours de sculpture sur glace.

Le 8 décembre, toute la ville de Lyon s'illumine de mille feux.

En août, la fête du lac d'Annecy est un fabuleux spectacle.

DES LIEUX POUR DÉCOUVRIR ET S'AMUSER

Quand on se promène en montagne, on respecte la nature : il faut rester sur les sentiers, ne pas cueillir de fleurs et éviter de faire du bruit.

Pour ceux qui aiment marcher, les randonnées en montagne permettent de découvrir des paysages exceptionnels et d'observer les animaux.

Depuis Chamonix, on monte à la mer de Glace en train à crémaillère. Dans le glacier, on peut admirer tout un univers sculpté dans la glace d'une grotte.

À Chambéry, la galerie Eurêka donne des explications sur de nombreux phénomènes de la montagne (formation des glaciers, avalanches...) et propose des expositions scientifiques sur des thèmes variés.

La galerie Eurêka informe les enfants sur la neige et la glace.

Le musée de la Musique mécanique des Gets montre d'anciens appareils.

À Hauterives, ce palais un peu fou a été bâti par un facteur : M. Cheval.

Guignol est né à Lyon. On peut voir sa marionnette dans toute la ville.

S'approcher de dinosaures dans le Doubs, visiter une ferme de crocodiles dans la Drôme, admirer des animaux venus du monde entier en Ardèche, les sorties originales ne manquent pas.

Au Dino-Zoo, on découvre des dinosaures grandeur nature !

À Pierrelatte, la Ferme aux crocodiles abrite près de 350 spécimens !

Plus de 800 animaux vivent dans le parc zoologique de Peaugres.

Le musée Peugeot, à Sochaux, retrace l'aventure de ses modèles.

CENTRE BOURGOGNE

Le long de la Loire, des centaines de kilomètres de pistes cyclables ont été aménagés pour que l'on puisse suivre le fleuve en pédalant, tout en admirant le paysage et les nombreux oiseaux.

Le pont-canal de Briare, qui enjambe la Loire, est l'un des plus longs ponts-canaux métalliques du monde.

Non loin de Tours, le château de Villandry possède de magnifiques jardins, dont un superbe potager. Chaque année, 250 000 plants de fleurs et légumes y sont repiqués.

Le parc naturel régional du Morvan est situé au cœur de la Bourgogne. Ses collines vertes et boisées abritent des sentiers de randonnée.

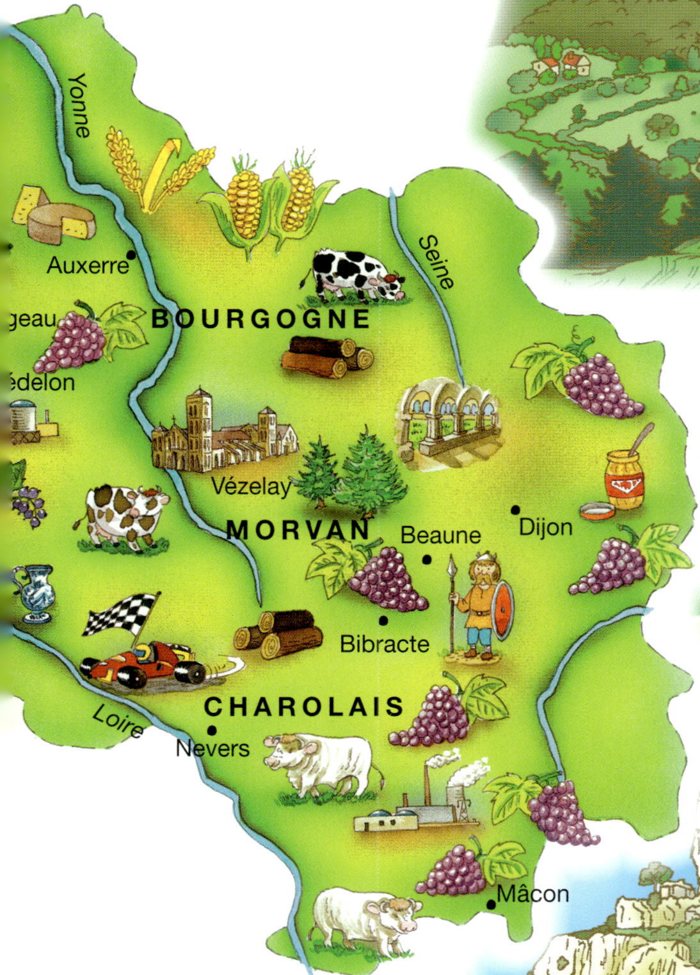

La basilique de Vézelay est un lieu très visité. Elle est inscrite au patrimoine mondial de l'Humanité depuis 1979.

Au pied de la roche de Solutré, près de Mâcon, on a retrouvé des milliers d'ossements de chevaux datant des temps préhistoriques. C'est un vrai mystère.

L'ARCHITECTURE

En région Centre, la plupart des toits sont recouverts d'ardoises. En Bourgogne, ce sont parfois des tuiles vernies multicolores !

Des villes ont conservé leur vieux quartier, comme ici à Tours.

Il reste de belles demeures qui étaient celles de riches seigneurs.

En Bourgogne, les hospices de Beaune sont de magnifiques bâtiments. La toiture de tuiles en céramiques colorées est un vrai chef-d'œuvre.

L'ÉCONOMIE

Le Centre et la Bourgogne sont d'importantes régions de culture et d'élevage ; le bœuf charolais fournit une viande de qualité.

Les immenses champs de la Beauce produisent des tonnes de céréales.

Dans le Centre, éoliennes et centrales nucléaires fournissent de l'électricité.

De nombreux parfumeurs se sont installés en Eure-et-Loir.

Des vins réputés proviennent de Bourgogne et du val de Loire.

LA GASTRONOMIE

Les spécialités du Centre et de la Bourgogne sont nombreuses. Le bœuf bourguignon est un plat mijoté particulièrement réputé.

Dans le Centre, la Sologne est un pays de chasse. La région propose des recettes à base de gibier (chevreuil, biche, sanglier, lièvre...), que l'on déguste en ragoût (civet) ou en terrine. Les fromages de chèvre y sont aussi très variés. Le long de la Loire, on cultive des fruits et des légumes.

La Bourgogne est connue pour ses escargots, son excellente viande de bœuf, que l'on peut accompagner de moutarde de Dijon, Mais aussi pour sa gougère, une pâte à choux salée au fromage, son jambon persillé, sa crème de cassis et ses fromages, dont l'époisses.

DES FÊTES ET DES MANIFESTATIONS

Festivals, spectacles de rue, jeux de lumières en musique sur les somptueuses façades des châteaux… Que d'occasions de se divertir !

À Orléans, au Festival de Loire, qui se tient tous les deux ans en septembre, on peut admirer d'anciens voiliers.

En été, la plupart des châteaux de la Loire proposent de superbes spectacles de son et lumière.

Le 22 janvier, la Saint-Vincent est une fête attendue par les vignerons de Bourgogne. Défilé et dégustations animent la journée.

À Nevers, début juillet, des spectacles de rue sont donnés dans toute la ville durant plusieurs jours.

DES LIEUX POUR DÉCOUVRIR ET S'AMUSER

L'été, dans le Centre, on peut se faire peur en déambulant dans un grand labyrinthe de céréales. Le zoo de Beauval est aussi un lieu incontournable.

À Beaugency, petits et grands doivent résoudre des énigmes au milieu d'un immense labyrinthe avec l'aide de comédiens. Attention à ne pas se perdre !

Au château du Clos Lucé, on peut découvrir les ingénieuses inventions de l'artiste Léonard de Vinci.

À Concressault, dans le Berry, les sorcières livrent leurs secrets au musée de la Sorcellerie.

Le long de la Loire, dans une région verdoyante, les rois et les seigneurs ont fait construire de superbes châteaux, qui sont désormais ouverts au public. Animations, promenades dans leurs parcs, spectacles, que de choix !

Chambord est sans doute le plus impressionnant de tous avec ses nombreuses tourelles et cheminées, ses 440 pièces et son domaine boisé.

L'élégant château de Chenonceau enjambe le Cher. Il abrite des tableaux de peintres célèbres.

Pendant très longtemps, le château royal de Blois a été la résidence préférée des rois de France.

DES LIEUX POUR DÉCOUVRIR ET S'AMUSER

En Bourgogne, on peut visiter un chantier du Moyen Âge, assister aux fouilles d'un village gaulois ou encore s'amuser au milieu des arbres.

À Guédelon, on reconstruit un château comme au Moyen Âge.

Le musée de Bibracte permet de découvrir la vie des Gaulois.

Plusieurs parcs proposent de jouer les aventuriers en toute sécurité.

Le château de Saint-Fargeau donne des spectacles, et sa ferme se visite.

ALSACE LORRAINE

En Lorraine, il y a de très belles villes comme Metz ou Nancy et sa magnifique place Stanislas, dont les portes sont de vraies œuvres d'art.

Pendant la Première Guerre mondiale, de violents combats ont eu lieu dans la région de Verdun. Il reste des monuments à la mémoire des victimes.

Les montagnes des Vosges sont anciennes et peu élevées mais, l'hiver, on peut y faire du ski au milieu des forêts de sapins. C'est un paradis pour le ski de fond.

Les vins blancs d'Alsace sont réputés. Les vendanges débutent en septembre et peuvent s'étaler jusqu'en novembre : ce sont les vendanges tardives.

En Alsace, on cultive le houblon, une plante grimpante dont la fleur sert à aromatiser la bière.

De nombreuses réunions sur l'Europe se tiennent au Parlement européen de Strasbourg.

L'ARCHITECTURE

L'Alsace est réputée pour ses maisons colorées et bien fleuries en été. Colmar et Strasbourg ont ainsi de très beaux quartiers anciens.

Les maisons alsaciennes ont souvent des colombages ; certaines datent du Moyen Âge, comme dans ce quartier de Strasbourg.

Les fermes lorraines ont de larges porches très reconnaissables.

Les maisons des Vosges ont un toit pentu à cause de la neige.

L'ÉCONOMIE

Les industries du bois, de la chimie et de l'automobile sont très actives, mais la région est aussi connue pour ses eaux minérales et sa bière.

La moitié de la bière française provient des brasseries d'Alsace.

Dans les Vosges jaillissent les sources de Vittel et de Contrexéville.

Grâce au bois des Vosges, les scieries sont nombreuses.

En Alsace, le domaine des sciences est important.

LA GASTRONOMIE

La cuisine alsacienne est variée et la charcuterie savoureuse.
La Lorraine est le champion du monde des producteurs de mirabelles.

La choucroute est le plat alsacien le plus célèbre, mais il y a aussi le bæckeofe (plat de viande), la tarte flambée, le kouglof (brioche), les bretzels (biscuits salés en forme de lunettes). La Lorraine, elle, est connue pour sa quiche et ses mirabelles.

Petits fours de Noël

Ingrédients : 500 g de farine, 250 g de sucre en poudre, 250 g de beurre, 3 œufs, 1 cuillère à s. de cannelle, 1 zeste de citron, 1 jaune d'œuf.

- Dans le saladier contenant la farine, creuse un puits dans lequel tu places le beurre ramolli, la cannelle, le sucre, le zeste de citron et les œufs.
- Mélange le tout du bout des doigts pour obtenir une pâte souple. Laisse reposer au frais 24 h.
- Le lendemain, étale la pâte et, avec des emporte-pièces, découpe des formes et place-les sur une plaque beurrée.
- Badigeonne les formes de jaune d'œuf et fais-les cuire à 180 °C pendant 15 min.

DES FÊTES ET DES MANIFESTATIONS

En Alsace et en Lorraine, le mois de décembre est très animé. C'est en Alsace qu'est née la tradition de décorer un sapin pour Noël.

Le 6 décembre, à Nancy, le défilé de la Saint-Nicolas est très attendu tandis qu'à Strasbourg, le grand marché de Noël installe ses cabanes de bois.

En avril, à Gérardmer, c'est la fête des Jonquilles avec ses chars fleuris.

En septembre, à Ribeauvillé, la fête des Ménétriers date du Moyen Âge.

DES LIEUX POUR DÉCOUVRIR ET S'AMUSER

Musées, parcs animaliers, forteresses... L'Alsace est riche en sites touristiques et en villages pittoresques.

Le château du Haut-Kœnigsbourg est un superbe château fort dominant le paysage. Perché à 757 m, il a été détruit plusieurs fois.

Au château de Kintzheim, des rapaces se donnent en spectacle. À quelques kilomètres, la montagne des Singes permet d'approcher des magots.

Au parc Bioscope d'Ungersheim, on apprend à protéger notre planète à travers des jeux. À Strasbourg, un musée du Chocolat attend les plus gourmands. Il existe aussi plein d'autres lieux pour tous les petits curieux.

À Hunawihr, un parc abrite plus de 150 cigognes et des loutres.

Le musée du Jouet à Colmar présente des jouets anciens.

À Mulhouse, la Cité de l'automobile expose plus de 400 modèles !

Au Vaisseau, à Strasbourg, on découvre la science en s'amusant.

Dans la Meuse, à Azannes, le Village des vieux métiers permet de découvrir comment on travaillait et on vivait il y a 150 ans. Régulièrement, au printemps, des fêtes y sont organisées.

Plus de 1 600 animaux vivent dans le très beau zoo d'Amnéville.

Chaque année, au village d'Azannes, de nouveaux métiers sont présentés.

Au château fort de Malbrouck, des visites pour les enfants sont prévues.

Dans la station de la Bresse, on peut s'amuser sur les pistes de luge d'été.

NORD-PAS-DE-CALAIS
PICARDIE
CHAMPAGNE-ARDENNE

Les beffrois, ces hautes tours qui se dressent sur les grandes places, sont nombreux dans les villes du Nord.

Depuis Calais, le tunnel sous la Manche permet de rejoindre la Grande-Bretagne en train (Eurostar) ou en navette (Shuttle).

Les cathédrales d'Amiens, de Reims et de Beauvais sont parmi les plus belles de France. Leur construction a demandé des dizaines d'années, avec l'aide de très nombreux artisans.

Autrefois, de nombreux terrils, des collines constituées de déchets des mines, se dressaient dans les paysages du Nord ; peu à peu, ils disparaissent sous la verdure. À Nœux-les-Mines, un terril a été transformé en piste de ski artificielle.

Les hortillonnages sont de petits jardins potagers entourés d'eau, à côté d'Amiens. On y transporte les fruits et les légumes dans des barques à fond plat.

Ces faux de Verzy sont des hêtres tout tordus, qui poussent dans une forêt à côté de Reims.

L'ARCHITECTURE

Dans le Nord, les maisons de briques sont répandues ; il reste aussi de nombreux moulins et, en Picardie, de belles cathédrales.

Les rues des villes du Nord sont souvent bordées de petites maisons en briques rouges accolées les unes aux autres.

Certaines villes comme Arras et Lille ont de grandes places superbes.

Le centre de Troyes possède de très vieilles maisons à colombages.

L'ÉCONOMIE

Le Nord et la Picardie sont des régions très agricoles. Les exploitations sont nombreuses. Les vignes font la richesse de la Champagne.

Betteraves à sucre, pommes de terre, endives et céréales sont les principales cultures. Les champs sont souvent très étendus.

Dans les ports du Nord circulent des produits de toute l'Europe.

Le champagne, ce vin de fête, est vendu dans le monde entier.

LA GASTRONOMIE

Charcuterie des Ardennes, bonbons de Cambrai appelés « bêtises », macarons d'Amiens, gaufres flamandes, voilà des spécialités alléchantes.

Dans les Ardennes sont préparés d'excellents pâtés. La spécialité de la ville de Rethel est le boudin et celle de Troyes, l'andouillette.

Impossible de ne pas se régaler de « moules-frites » dans le Nord. Lors de la Grande Braderie de Lille, des montagnes de coquilles de moules se dressent devant les restaurants !

Dans le Nord, on mange de délicieuses tartes sucrées ou salées, comme la tarte aux poireaux ou au maroilles (fromage) et d'excellentes gaufres.

DES FÊTES ET DES MANIFESTATIONS

Les carnavals du Nord sont importants, comme celui de Dunkerque. Les défilés de géants sont très attendus et organisés dans plusieurs villes.

Les géants sont d'énormes mannequins en papier mâché ou en osier que des porteurs font danser dans les rues.

Le Paris-Roubaix est une course cycliste renommée qui se déroule sur des routes pavées et souvent boueuses.

Le 22 janvier, pour la fête des Vignerons, certains villages de Champagne organisent des défilés costumés.

En juin, les Nuits de feu de Chantilly réunissent les meilleurs artificiers du monde pour des feux d'artifice incroyables !

DES LIEUX POUR DÉCOUVRIR ET S'AMUSER

La région est riche en musées, et plusieurs grands châteaux sont ouverts à la visite, comme ceux de Chantilly, de Sedan, de Pierrefonds...

Le musée vivant du Cheval à Chantilly possède de très beaux chevaux.

Le château fort de Sedan est la plus grande forteresse d'Europe.

L'écomusée de Fourmies permet de découvrir d'anciens métiers.

Près de Douai, à Lewarde, on peut visiter des mines de charbon.

La baie de Somme est un espace magnifique pour observer les oiseaux ou faire des promenades à cheval. Au Centre national de la mer Nausicaä, à Boulogne-sur-Mer, on a rendez-vous avec l'univers marin.

Au parc ornithologique du Marquenterre, des sentiers pédestres et des lieux d'observation permettent d'admirer différentes espèces d'oiseaux.

Otaries, manchots, requins, raies... sont visibles à Nausicaä.

Sur les plages du Nord, le vent fort permet de pratiquer le char à voile.

En Picardie se trouvent trois parcs de loisirs aux univers très différents. L'un promène les visiteurs à travers la préhistoire, un autre les emmène chez de drôles de Gaulois, et le dernier, en territoire indien.

Au parc de Samara, près d'Amiens, les visiteurs découvrent comment on vivait à la préhistoire.

À la Mer de Sable, près d'Ermenonville, on entre dans le monde des Indiens, des cow-boys et des chercheurs d'or...

Spectacles, jeux d'eau, manèges, labyrinthes, promenades dans un décor gaulois... Il y a de quoi se distraire au parc Astérix !

ÎLE-DE-FRANCE

L'Arc de triomphe se trouve à la rencontre de douze très grandes avenues parisiennes, dont la célèbre avenue des Champs-Élysées.

On peut entrer au Louvre par une pyramide tout en verre.

Le palais du Louvre fut la demeure des rois de France. C'est aujourd'hui l'un des plus grands musées du monde et le plus visité !

Pour accéder aux terrasses du centre d'art et de culture Georges-Pompidou, on emprunte les énormes escalators qui se trouvent dans de drôles de tuyaux.

Autrefois, les rois venaient chasser dans le château de Fontainebleau, situé au cœur de la forêt et décoré par de nombreux peintres.

La basilique du Sacré-Cœur est construite en haut de la butte Montmartre, un quartier qui ressemble à un village. Par temps clair, du Sacré-Cœur, on peut voir jusqu'à 50 km à la ronde.

Le Panthéon est une ancienne église qui abrite les tombeaux de grands hommes : politiques, scientifiques et écrivains français.

Les quatre gigantesques tours de la Bibliothèque nationale François-Mitterrand à Paris représentent des livres ouverts.

La cathédrale Notre-Dame est située en plein cœur de Paris. C'est un chef-d'œuvre très ancien, bâti au Moyen Âge.

L'ARCHITECTURE

Paris est la capitale de la France. Elle conserve des quartiers très anciens, parmi lesquels celui du Marais, celui de l'île de la Cité...

Sur les quais de la Seine se dressent de beaux immeubles aux façades de pierre (1). Les immeubles de style « haussmannien » sont typiques de Paris (2). La capitale abrite aussi des résidences plus récentes, comme celles du Parc de Bercy (3).

La place des Vosges est très ancienne ; les maisons qui l'entourent sont en briques et en pierre avec des arcades.

Certaines maisons traditionnelles de l'Île-de-France sont blanches avec un toit en ardoise et de grandes fenêtres.

L'ÉCONOMIE

À Paris et en Île-de-France sont installés de nombreuses entreprises, les sièges des grandes banques et le gouvernement.

Le musée d'Orsay

L'Opéra Garnier

Le Salon de l'agriculture

On vient de toute la France et de l'étranger pour admirer les musées et les monuments célèbres, mais également pour assister aux spectacles et salons qui se tiennent dans les opéras, les salles de concert et les grands lieux d'exposition.

La Défense est un important quartier d'affaires européen.

Le siège de l'Agence spatiale européenne se situe en plein Paris.

LA GASTRONOMIE

La région parisienne ne possède pas vraiment de spécialités, mais, à Paris, on peut déguster toutes les cuisines du monde.

Il est facile de manger chinois, italien ou indien. On peut aussi se régaler de plats régionaux français comme un cassoulet ou une choucroute.

À Paris, on peut dîner sur une péniche, dans un des très grands restaurants ou prendre simplement un verre à la terrasse d'un café.

DES FÊTES ET DES MANIFESTATIONS

L'Île-de-France, ses châteaux et ses parcs organisent différentes manifestations. À Paris, de grands événements rassemblent les foules.

Quel plaisir chaque année pour Noël de découvrir les vitrines animées des grands magasins parisiens !

Le 14 juillet est une date importante de l'année ; le spectacle le plus attendu est le feu d'artifice donné à la tour Eiffel.

L'arrivée du tour de France sur les Champs-Élysées, en juillet, est très attendu par tous les amoureux du vélo.

À Paris, jouer et s'étendre sur le sable, c'est possible en août, sur les bords de Seine. Il ne manque que la mer !

DES LIEUX POUR DÉCOUVRIR ET S'AMUSER

Quand on visite Paris, la tour Eiffel est un lieu incontournable. Cette grande tour de métal est le symbole de la France à travers le monde.

Il existe différentes façons d'admirer la ville : depuis les trois étages de la tour Eiffel, ou encore au fil de la Seine, en bateau-mouche.

Depuis le ballon captif du parc André-Citroën, on aperçoit tout Paris.

À Montmartre, des artistes font le portrait des touristes.

Plusieurs musées parisiens sont particulièrement intéressants pour les enfants. Beaucoup d'entre eux ont des programmes réservés aux plus jeunes avec des livrets-questions, des animations, des ateliers...

À la grande galerie de l'Évolution, on est accueilli par une parade d'animaux. Au musée de la Marine, les maquettes de bateaux sont étonnantes.

Que d'expériences pour les petits curieux à la Cité des enfants !

Le musée du Quai-Branly propose des ateliers et des contes.

À Paris, tout est possible : après les musées, pourquoi ne pas profiter des jeux d'eau de l'Aquaboulevard ou se détendre au parc de la Villette ? Il y a toujours quelque chose à y faire.

Le musée Grévin est célèbre pour ses personnages en cire.

À l'Aquaboulevard, on peut s'amuser dans les vagues et les toboggans.

Le parc de la Villette possède des jeux très originaux. Dans ce parc, la grosse boule de la Géode abrite une salle de cinéma avec un écran géant.

Aux portes de Paris, le bois de Boulogne et celui de Vincennes permettent de s'aérer et de se distraire. À Fontainebleau, c'est une forêt aux rochers étonnants qui attend les promeneurs et les sportifs !

Le Jardin d'acclimatation propose de nombreux divertissements.

Dans la forêt de Fontainebleau, on peut escalader les rochers.

Au parc d'attractions de Disneyland Resort Paris, à Marne-la-Vallée, on retrouve tous les personnages de Disney dans des décors enchanteurs. Des dizaines d'attractions et des animations, hiver comme été, attendent petits et grands.

En région parisienne, les sorties ne manquent pas. Le château de Versailles est l'un des monuments français les plus visités. On peut aussi découvrir une réserve africaine ou même toute la France en un seul parc !

Dans la réserve africaine de Thoiry, les animaux vivent en liberté.

Au Playmobil FunPark, à Fresnes, on retrouve tout l'univers des Playmobil.

Le magnifique château de Versailles possède aussi de très beaux jardins.

À Élancourt, on peut faire le tour de la France en miniature !

DOM-TOM

Très loin de la France, il existe des terres françaises que l'on appelle les « départements et territoires d'outre-mer», les Dom-Tom.

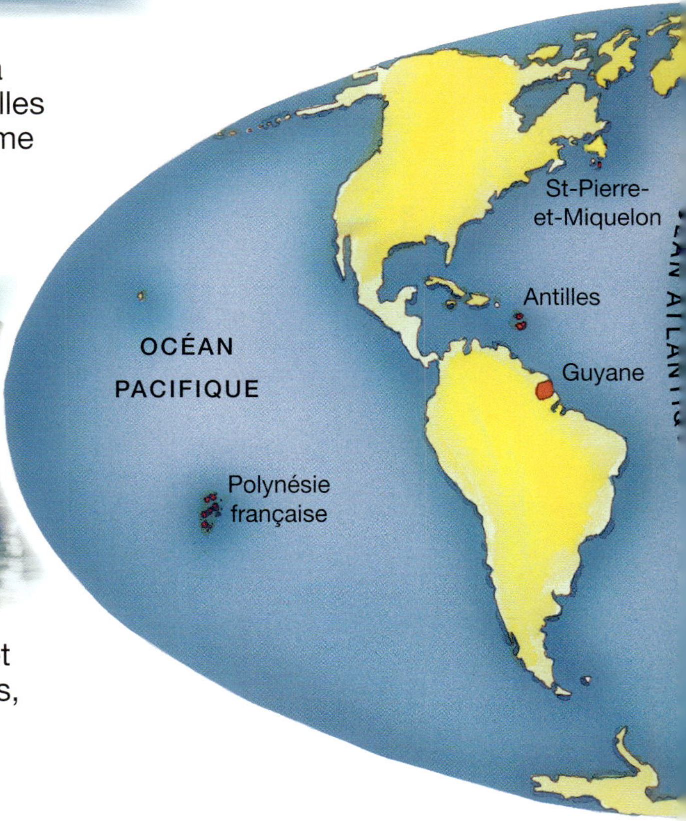

Aux Antilles, la Guadeloupe et la Martinique sont des îles sur lesquelles il y a des volcans en activité, comme la montagne Pelée, ci-dessus, en Martinique, ou la Soufrière, en Guadeloupe.

La Guyane est recouverte par la forêt tropicale amazonienne. Loin des villes, le long des fleuves, des habitants vivent dans des villages de cases au bord de l'eau.

En plein océan Pacifique, la Polynésie française est formée d'un ensemble d'îles aux plages de sable fin entourées d'eaux turquoise et de récifs de corail.

L'île de Mayotte abrite des baobabs, des arbres immenses au tronc ventru gorgé d'eau. On y trouve aussi quantité de fleurs superbes et parfumées.

À côté de Nouméa, en Nouvelle-Calédonie, le centre culturel Tjibaou surgit comme d'immenses cases au-dessus de la végétation.

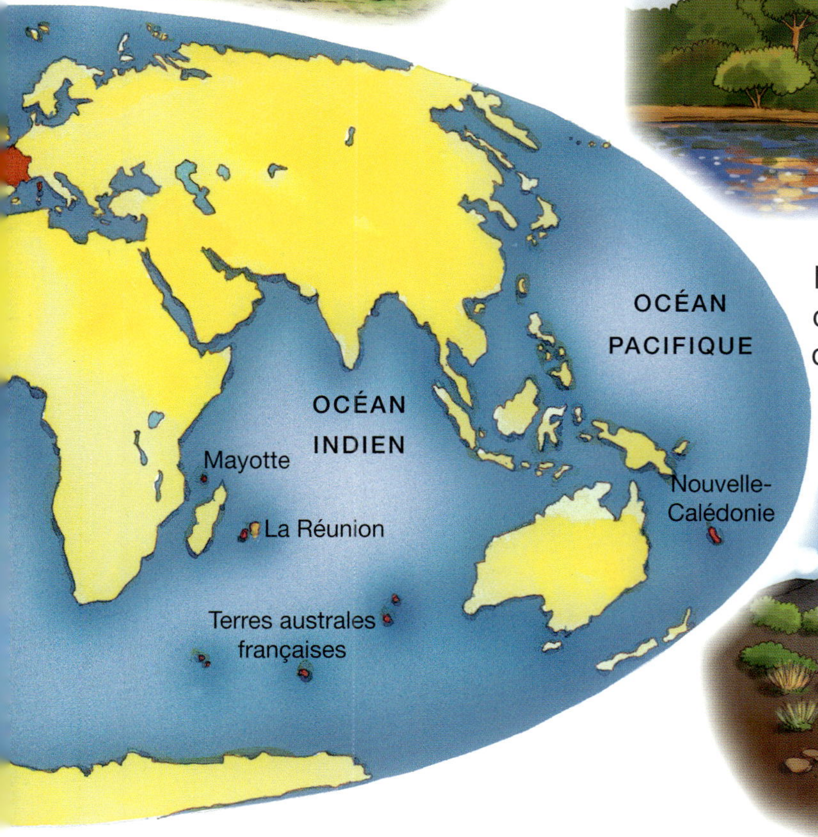

Les territoires français de l'Antarctique, au pôle Sud, ont un climat très rude. Seules des missions scientifiques y sont installées.

La Réunion est une île volcanique. Le piton de la Fournaise est l'un des volcans les plus actifs du monde : il entre en éruption une à deux fois par an !

L'ARCHITECTURE

Sous les tropiques ou près des pôles, les maisons des départements et territoires d'outre-mer ont chacune leurs caractéristiques.

Aux Antilles, les maisons ont très souvent une terrasse ou un balcon.

Le faré est la maison polynésienne typique, recouverte de végétaux.

En Nouvelle-Calédonie, la grande case est un lieu de réunion.

À Saint-Pierre-et-Miquelon, les maisons ont des couleurs vives.

LA GASTRONOMIE

Aux Antilles, en Polynésie, à Mayotte ou à la Réunion, on aime la cuisine épicée. Les fruits exotiques de ces îles sont savoureux.

Dans les îles, beaucoup de plats sont à base de produits de la mer. On n'hésite pas à mélanger sucré et salé, comme pour le poulet au coco. Les ignames sont des légumes très utilisés. Les boudins créoles, les acras de morue, le crabe farci, les crevettes sautées, le thon grillé, quel délice !

De nombreux fruits et épices proviennent des Dom-Tom : bananes, fruits de la passion, papayes, mangues, noix de coco, cannelle, vanille, muscade…

L'ÉCONOMIE

Le tourisme est l'un des principaux moteurs de l'économie de ces îles grâce à leurs plages, leurs paysages magnifiques et leurs produits exotiques.

Que ce soient les Antilles, la Polynésie ou la Réunion, ces îles reçoivent de nombreux vacanciers venus chercher soleil, chaleur et dépaysement.

Des bananes et ananas vendus en métropole proviennent des Antilles.

On y cultive aussi la canne à sucre, qui sert à produire sucre et rhum.

La Guyane est presque entièrement couverte de forêt ; c'est une richesse dont l'exploitation est importante. Au Centre spatial européen de Kourou travaillent de nombreux ingénieurs et techniciens.

Le bois est une ressource précieuse pour la Guyane. À Kourou ont lieu les lancements de la fusée européenne Ariane.

En Nouvelle-Calédonie, on exploite du nickel, un métal très utile.

La pêche est une activité majeure de Saint-Pierre-et-Miquelon.

DES FÊTES ET DES MANIFESTATIONS

Dans les départements et régions d'outre-mer, on fête le 14 Juillet, Noël ou le carnaval, mais il existe aussi de nombreuses fêtes locales.

En juillet, en Polynésie, les heiva sont des fêtes très animées. On y assiste à des danses, des courses de pirogues, des courses de porteurs de fruits...

À Cayenne, en Guyane, le carnaval est un grand événement.

À Saint-Pierre-et-Miquelon, le Festival du crabe de mer est attendu.

Dans les îles, on aime la danse et la musique ; elles accompagnent toutes les manifestations. On célèbre de multiples fêtes religieuses, sportives et des traditions anciennes.

À Mayotte, la danse du pilon est une danse de femmes.

À la Réunion, la marche sur le feu est une cérémonie religieuse étonnante !

En Nouvelle-Calédonie, lors de certaines fêtes, on danse le pilou.

En août, la Guadeloupe fête ses cuisinières ; quelle ambiance !

DES LIEUX POUR DÉCOUVRIR ET S'AMUSER

Aux Antilles, à la Réunion, en Guyane, à Mayotte, en Polynésie ou encore en Nouvelle-Calédonie, la nature recèle des trésors.

En Guadeloupe, il y a de superbes cascades pour se baigner. Plusieurs des îles françaises possèdent aussi de magnifiques jardins botaniques.

On peut observer les coraux et les poissons à bord d'un bateau à fond vitré, comme ici, en Martinique, ou en faisant de la plongée sous-marine.

À Mayotte et en Guyane, des tortues marines viennent pondre leurs œufs sur les plages, mais, si l'on veut les observer, il faut rester à distance et être discret pour ne pas les déranger.

Après la ponte, les tortues laissent leurs œufs et repartent à la mer.

Au zoo de Guyane, on découvre les animaux étonnants de ce pays.

En Nouvelle-Calédonie, l'aquarium de Nouméa est fantastique.

À Saint-Pierre-et-Miquelon, on peut observer des phoques en liberté.

Mieux connaître les volcans, visiter le Centre spatial européen, admirer les paysages en faisant des randonnées ou des promenades en bateau... les activités sont nombreuses.

À la Réunion, la Maison du volcan explique les phénomènes volcaniques et informe sur le piton de la Fournaise.

En visitant le centre spatial de Kourou, on peut voir la salle de contrôle d'où l'on surveille le lancement des fusées.

La Polynésie est réputée pour ses très jolies îles. On peut les découvrir grâce à des sorties en bateau.

L'île de la Réunion est connue pour ses magnifiques sentiers de randonnée au milieu de paysages fantastiques.

le monde des imageries
L'imagerie des bébés
La mer
Dès 1 an
Des livres
L'imagerie des tout-petits
La mer
qui gran
Découvre tes pr
POURQUOI COMMENT
LA NATURE
LA MER
L'ESPACE
MOYEN ÂGE
PRÉHISTOIRE
LE CORPS
La collection Pourquoi - comment ? répond aux
L'IMAGERIE ANIMALE
LES CHATS
FOURMIS
ABEILLES
LA GRANDE IMAGERIE
L'INVISIBLE
GRENOUILLES
L'EAU, LA VIE
la collection des grandes imageries : animaux - tr
PAPILLONS
LOUIS XIV
L'ESPACE
ÉQUITATION
LES PIRATES
LES ENGINS
32 pages + des images à découper.